QUESTION

DE

DROIT FRANÇAIS

PROPOSÉE

AU CONCOURS OUVERT DEVANT LA FACULTÉ DE PARIS

ET TRAITÉE EN NEUF HEURES

PAR F. BERRIAT SAINT-PRIX,

Docteur en droit,

Candidat pour une place de Professeur-suppléant.

— 8 DÉCEMBRE 1843. —

PARIS.

IMPRIMÉ CHEZ PAUL RENOUARD,

RUE GARANCIÈRE, 5.

1843.

QUESTION:

QUELS SONT LES EFFETS DE LA SAISIE-ARRÊT ENTRE LE SAISISSANT, LE SAISI, LE

TIERS SAISI, ET A L'ÉGARD DE LEURS AYANT-CAUSE (CESSIONNAIRES OU CRÉANCIERS).

1. La saisie-arrêt est un acte purement conservatoire dans son principe, mais destiné à amener une exécution : ce qui explique pourquoi, d'une part, elle peut être formée sans titre et sans commandement préalable (Pr. 557); et pourquoi, d'autre part, la validité doit en être demandée à la justice (Pr. 565), à peine de nullité.

2. Le droit de saisir-arrêter a sa source dans le droit général de gage accordé aux créanciers sur le patrimoine de leur débiteur (C. 2092, 2093), ce qui comprend toutes les valeurs dont il peut disposer, et qui sont de nature à procurer aux créanciers leur satisfaction. Il s'ensuit, en effet, qu'ils ont le droit de s'approprier, nonseulement les valeurs qu'il a matériellement entre les mains, mais encore, sauf les exceptions légales (C. 1166 *in fine*, Pr. 580 à 582)'

celles dont les tiers se trouvent détenteurs ou débiteurs envers lui
(V. C. 1166, Pr. 557, 636, 820).

3. La saisie-arrêt suppose, au moins en général, trois personnages jouant un rôle distinct: le saisissant, le saisi et le tiers saisi.
Le premier joue un rôle purement actif; le troisième un rôle purement passif; le deuxième un rôle passif par rapport au saisissant,
actif par rapport au tiers saisi.

4. Demander quels sont les effets de la saisie-arrêt entre ces trois
personnes, c'est demander en quoi la saisie-arrêt *opérée* modifie
leurs droits et devoirs antérieurs, et quels droits ou devoirs nouveaux elle leur impose.

5. Il résulte de là que nous n'aurons à nous occuper de la capacité
nécessaire pour former une saisie-arrêt, de la nature des biens qui
en sont susceptibles, et de la marche de la procédure, qu'autant que
ces divers objets pourraient influer accidentellement sur la position
respective des trois personnes.

6. La combinaison de trois personnes (A, B, C.), prises deux à
deux, ne pouvant amener que trois hypothèses différentes (AB, AC,
BC), notre matière se trouve naturellement divisée en trois parties;
sauf à examiner dans un appendice l'hypothèse où le nombre des
personnages se trouverait réduit à deux par suite d'une confusion
de qualités survenue depuis la saisie-arrêt, ou même préexistante,
dans l'opinion de ceux qui admettent qu'on peut saisir-arrêter entre
ses propres mains.

A l'égard des ayant-cause, cessionnaires et créanciers des trois personnes, ils se grouperont autour de celle avec qui leurs rapports se
trouvent établis.

PREMIÈRE PARTIE.

QUELS SONT LES EFFETS DE LA SAISIE-ARRÊT ENTRE LE SAISISSANT
ET LE TIERS SAISI, ET A L'ÉGARD DE LEURS AYANT-CAUSE?

7. Je commence par cette combinaison, parce qu'elle conduit à des résultats plus importans que les deux autres. Je me placerai d'abord au point de vue du saisissant, et j'indiquerai à cette occasion les effets communs à lui et au tiers saisi.

1° *Effets de la saisie par rapport au saisissant.*

8. Un créancier pouvant, en cette qualité, exercer tous les droits de son débiteur (C. 1166 et ci-dessus n° 2), il s'ensuit que le saisissant, en principe, a tous les droits du saisi, et le représente à l'égard du tiers saisi.

9. En d'autres termes, la position du tiers saisi ne doit pas être améliorée par cela seul qu'il se trouve avoir affaire avec le créancier de son créancier.

10. Réciproquement, le saisissant, n'agissant qu'en qualité de créancier du saisi, ne peut avoir plus de droit que n'en aurait ce dernier : en d'autres termes, la position du tiers saisi ne doit pas être empirée par cela seul qu'un tiers le poursuit à la place de son propre créancier.

11. Mais cette proposition doit être évidemment modifiée par la considération d'une collusion possible entre le tiers saisi et le saisi, à l'effet d'anéantir, en réalité ou en apparence, les droits de ce dernier, au préjudice de ceux du saisissant.

12. Réciproquement, la première proposition (n°ˢ 8 et 9) doit se modifier par la considération d'une collusion possible entre le tiers

saisi et un saisissant qui n'aurait pas de droit sérieux, à l'effet de paralyser pour un temps plus ou moins long l'exercice des droits véritables du *créancier* saisi.

13. Et, en effet, la loi, d'une part, rend l'huissier responsable de la supposition d'un saisissant chimérique (Pr. 562), et astreint le saisissant à justifier de ses droits (Pr. 563, 568); d'autre part, elle permet au créancier de surprendre à l'improviste le tiers saisi, sans avertissement et sans justification *préalable* (Pr. 557, 558).

14. Le principal droit du saisi à l'égard du tiers-saisi était, avant l'opposition, d'exiger le paiement. Cet acte suppose, il est vrai, l'aliénation de la créance (V. Gaius, Inst. II, 84); mais un débiteur conserve le droit d'aliéner ses biens à titre particulier au préjudice de ses créanciers (V. C. 2092 *in fine, a contrario*), sauf l'action révocatoire dans les cas où elle est admise (C. 1167, 1753; Pr. 820; C. comm. 446, 447, 449), tant que ses créanciers n'ont pas eu recours à une saisie pour fixer sur le bien qui en est l'objet, le droit de gage improprement dit qu'ils ont sur l'universalité des biens de leur débiteur (1).

15. La saisie-arrêt n'est autre chose que la saisie en général, appliquée aux créances du débiteur, ainsi qu'aux droits réels qu'il a sur des biens détenus par un tiers, c'est-à-dire, sur des biens mobiliers : à l'égard des immeubles, la collusion entre le détenteur et le débiteur, soit propriétaire, soit même créancier, dans l'hypothèse fort rare où le tiers aura promis un immeuble sans en transférer immédiatement la propriété (V. C. 1134-1° combiné avec C. 1138-2°); une collusion, dis-je, n'étant pas à craindre, il suffit au créancier d'avoir recours à la saisie immobilière, sauf à exercer préalablement la revendication du chef de son débiteur (C. 1166).

16. Par l'exploit de saisie-arrêt, le créancier manifeste suffisamment l'intention de s'approprier (*pignus capere*) les valeurs dues ou

____

(1) C. 2093 : *les biens...* expression qui signifie, comme dans la maxime, *bona non intelliguntur...* la masse des biens. V. aussi Charte, 57 comparé avec C. pén. 11.

détenues. En les saisissant, qu'on me passe l'expression, il en dessaisit son débiteur, et lui enlève (V. n° 14) le droit d'en disposer désormais à son préjudice, même pour la réception du paiement, qui permettrait de les dissiper. Donc le tiers saisi *débiteur* perd, par contre-coup, le *droit de payer* à son créancier primitif; le tiers saisi *détenteur* ne peut plus restituer, ou plutôt, se trouve tenu de conserver les meubles du propriétaire saisi, et de les représenter à la décharge du saisissant pour la vente (V. C. 1962-2°).

17. Si le tiers saisi paie ou restitue en fait, il devient, et telle est la sanction de l'obligation à lui imposée par la saisie-arrêt, il devient responsable envers le saisissant d'une valeur dont le maximum est limité, d'un côté, par le montant de sa propre dette (V. cependant n°³ 35 *bis*, 46), d'un autre côté, par le montant de la créance du saisissant (V. C. 1242, et 808, s.; Pr. 685 et 820).

18. En d'autres termes, le saisissant peut considérer le tiers saisi qui a payé au saisi comme n'étant pas libéré, et le forcer à payer de nouveau, sauf, *dans ce cas seulement*, c'est-à-dire, dans le cas où le saisissant use effectivement de son droit, sauf son recours contre le saisi (C. 1242), qui ne doit pas s'enrichir de ce que son créancier a été satisfait aux dépens du tiers saisi.

19. Ainsi le paiement est nul, mais seulement *à l'égard des créanciers saisissans ou opposans* (C. 1242): le saisi qui a reçu volontairement un paiement qu'il était *capable de recevoir*, ne peut invoquer une nullité établie dans l'intérêt des tiers, et revenir contre son propre fait.

20. Le droit d'exercer les droits du saisi est subordonné, chez le saisissant, à la justification de ses propres droits (V. n°³ 12 et 13): il s'ensuit que le tiers saisi, quoique tenu de garder les valeurs saisies entre ses mains, ne peut être forcé de les remettre au saisissant qu'autant que le juge a déclaré la saisie valable (Pr. 565, 579).

21. Disons mieux: il doit, si le saisi ne l'y autorise pour éviter les

frais d'une procédure inutile, conserver ces mêmes valeurs jusqu'au jugement de validité, et une remise anticipée ne le libérerait pas envers son créancier, si celui-ci obtenait main-levée de la saisie, ou faisait rejeter la demande en validité.

22. Non-seulement le saisissant ne peut forcer le tiers saisi à payer, soit une première, soit une seconde fois, qu'autant qu'il obtient un jugement de validité ; mais il doit, dans un certain délai, demander ce jugement (Pr. 563), et notifier sa demande au tiers saisi (Pr. 564).

23. Il est clair que, faute de demande en validité, les paiemens faits à une époque quelconque sont valables.

24. Mais si le saisissant a formé cette demande, et néglige seulement de faire dans le délai légal une contre-dénonciation qu'il effectue plus tard, les paiemens faits entre l'opposition et l'expiration des délais pour contre-dénoncer sont-ils valables aussi bien que le seraient ceux faits entre l'expiration de ces délais et la dénonciation tardive ? (Pr. 565).

L'affirmative s'appuie sur la lettre de l'article 565, qui déclare valables les paiemens faits jusqu'à la dénonciation, sans distinguer à quelle époque ils ont été faits, et sur l'axiome *jura vigilantibus prosunt*.

Je penche néanmoins vers la négative. La saisie-arrêt empêche, en principe, le tiers saisi de se libérer lorsqu'elle est valable (C. 1242) : or, on suppose qu'elle l'est dans l'espèce, puisque le saisissant n'est pas obligé de la recommencer. L'article 565 n'a donc eu en vue que les paiemens postérieurs à l'expiration des délais, et ce n'est qu'à dater de ce moment que l'on peut reprocher au créancier de la négligence ; d'ailleurs, à quoi bon permettre de demander la validité d'une saisie qui serait illusoire.

25. J'ai dit (n° 17) que la responsabilité du tiers saisi envers le saisissant n'excédait pas la valeur due à celui-ci ; et c'est peut-être ce qu'a voulu dire l'art. 1242 par ces mots : Selon leur droit (au singu-

lier). Donc, le paiement fait au mépris de la saisie-arrêt est valable, en principe, pour ce qui excède la dette du saisi.

26. Mais que décider s'il survient depuis ce paiement de nouvelles saisies-arrêts? Les nouveaux opposans concourront avec le premier (V. n° 30) sur la somme due ou provenant de la vente des meubles dus (V. C. 2093, Pr. 579), et, par conséquent, empêcheront qu'il puisse être satisfait par la valeur qui aurait suffi avant les saisies-arrêts ultérieures. Le tiers saisi qui a payé trop tôt pourra-t-il être forcé, soit par le premier opposant, soit par les subséquens, de rapporter l'excédant de la somme par lui payée sur la somme due au premier créancier?

Je réponds oui, à l'égard du premier ; non, à l'égard des autres.

27. Le premier peut invoquer l'art. 1242, qui ne fait aucune distinction relativement à la valeur des créances du saisissant et du saisi, comparées entre elles ; il n'a aucune faute à se reprocher. En formant saisie-arrêt, il annonçait par cela même qu'il entendait s'approprier la valeur saisie jusqu'à satisfaction complète de ses droits, satisfaction qui n'est possible que sur une valeur suffisante pour payer tous les créanciers ayant droit de concourir (C. 2093).

28. La question est plus difficile à l'égard des créanciers ultérieurs. Ils ont en leur faveur un argument d'analogie : en effet, le débiteur ne peut, en général, aliéner les biens saisis, quoique par un créancier unique; et les art. 686 et 687 du Code de procédure le décident formellement, au moins à l'égard d'un immeuble dont la saisie a été transcrite, et au profit des créanciers inscrits. On peut, je crois, répondre que les autres créanciers peuvent se dispenser d'une saisie spéciale, quand ils en voient une déjà valablement formée, tandis qu'il n'est pas également sûr qu'ils puissent se dispenser d'une opposition particulière (V. n° 31). Dans tous les cas, le paiement fait par le tiers saisi à qui dedroit a dû le libérer valablement, au moins pour la valeur qui n'était pas saisie entre ses mains. Il n'a dû

s'attendre à devenir responsable que jusqu'à concurrence de cette valeur ; et si cette valeur est de beaucoup inférieure, il serait exposé à un préjudice fort grave. Sa bonne foi serait évidente, s'il avait eu soin de réserver une somme précisément égale à la créance de l'opposant unique auquel il avait primitivement affaire.

29. Si l'on admet cette solution, il s'en suivra que les créanciers ultérieurs pourront seulement participer à la distribution d'une somme égale au montant de la créance du plus diligent, et que ce dernier pourra exiger, et pour lui seulement (ce qui, il faut bien en convenir, lui confère un privilége, mais un privilége mérité), le rapport d'une somme suffisante pour parfaire ce qui lui revient.

30. On vient de voir, et le Code le suppose (Pr. 575), que de nouvelles oppositions peuvent être formées après une première. Elles confèrent certainement, et sans cela elles seraient souvent inutiles, le droit de concourir avec le premier créancier sur le produit de la saisie-arrêt jugée valable. L'article 579 prescrit, en effet, de procéder à une distribution après le jugement ; c'est là d'ailleurs la conséquence des principes généraux (C. 2093). Bien plus, le créancier tardif pourrait exercer son privilége, s'il en avait un (V. C. 2102-7°, etc.), au préjudice du diligent (C. 2094).

31. Mais cela pourrait-il se dire des créanciers qui ont formé opposition depuis le jugement de validité, et avant la clôture de la distribution ?

Dans la pratique, la négative paraît admise. Cette opinion se fonde sur ce que le jugement de validité attribue, par une espèce de novation, la créance du saisi au premier saisissant. Quant à l'article 575, on répondrait qu'il a eu en vue seulement les opposans antérieurs au jugement de validité. Et d'ailleurs, à quoi serviraient des oppositions antérieures au jugement ? Je réponds qu'en principe, la diligence d'un créancier ne lui attribue aucun privilége tant que la distribution n'est pas close : nulle part la loi n'établit ce droit exorbitant (V. C. 2093).

L'espèce de novation qui résulte du quasi-contrat judiciaire ne doit pas plus profiter que nuire au demandeur; et d'ailleurs il faudrait l'appliquer à partir de la demande, et non pas seulement du jugement. Quant à l'utilité d'oppositions nouvelles, elle est évidente dans le système du numéro 28, et, dans tous les cas, pour concourir à la distribution.

32. Le droit de saisir-arrêter est inhérent à la qualité de créancier (V. n° 8). Donc un individu non créancier ne pourrait se prévaloir d'une saisie-arrêt par lui pratiquée, même pour une créance réelle survenue depuis.

33. Toutefois, un propriétaire peut, s'il le veut, recourir à cette voie pour empêcher un tiers détenteur de sa chose de la restituer à celui de qui il la tient à titre de dépôt ou autrement (V. C. 1938), sauf à appliquer, avec les restrictions convenables, les règles de la procédure. Ainsi, une demande en revendication remplacerait évidemment la demande en validité.

34. L'extinction de la créance rend inutile la saisie-arrêt antérieurement pratiquée.

35. Si la créance existe encore, fût-elle conditionnelle, la saisie est valable (C. 1180), puisque c'est un acte conservatoire; mais resterait sans effet si la condition venait à défaillir. Bien mieux, si la condition ne paraissait pas devoir s'accomplir dans un délai rapproché, le juge pourrait, selon moi, ordonner la main-levée; autrement cette procédure pourrait, suivant les cas, dégénérer en un véritable moyen de vexation. Quant aux suites du jugement de validité, elles dépendent de la question de savoir si le créancier conditionnel peut être admis à une distribution, sauf à donner caution.

35 *bis.* La saisie-arrêt n'a effet que pour la créance qui en est la cause, et celles que le saisi a contre le tiers saisi au moment de la saisie.

Toutefois, le principe que l'accessoire suit le sort du principal recevra ici son application. Le saisissant devra donc être colloqué pour ses intérêts, sans opposition nouvelle, et devra l'être sur les intérêts dus par le tiers saisi. (Arg. de Pr. 640, relatif à la saisie *des rentes*, espèce de saisie-arrêt, au moins dans les cas fréquens où le débi-rentier a le droit de rembourser). Autrement l'économie et la célérité, ces deux principes fondamentaux de la procédure, seraient étrangement méconnues.

36. Un mandataire peut et doit, si ses pouvoirs n'excluent pas cette obligation, former saisie-arrêt (V. C. com. 490).

37. Un gérant d'affaires ne le peut pas, en général, suivant moi, puisqu'il ne pourrait pas actionner un débiteur. (V. Dig. *de Negot. gestis*).

38. Un créancier incapable peut former saisie-arrêt, sauf aux autres parties à exiger, pour le paiement ou la poursuite en validité, l'intervention de ses administrateurs.

39. Ainsi une femme mariée non autorisée pourrait saisir-arrêter. Bien mieux, elle pourrait, suivant moi, assigner son mari en validité d'une saisie-arrêt formée en exécution du jugement qui a prononcé la séparation de biens : qui veut la fin veut les moyens.

40. Les ayant-cause à titre universel du saisissant, même ceux à titre particulier, dont le titre comprendrait la créance en vertu de laquelle la saisie-arrêt a été pratiquée, comme un cessionnaire, et à plus forte raison, un créancier subrogé (V. C. 1250-1°) ou délégataire, peuvent invoquer le bénéfice de cette saisie-arrêt ou du jugement de validité.

41. Un associé, un cocréancier solidaire, peuvent forcer le saisissant à leur rendre compte du produit de la saisie-arrêt.

42. Un associé le pourrait même, selon moi, dans le cas où la société serait créancière d'un tiers saisi dont le saisissant est en même temps créancier particulier (Arg. *a pari* de 1848).

42 *bis.* Un cocréancier, à qui la créance du saisi aurait été don-

née en gage pourrait, malgré la saisie-arrêt, exercer son privilége.

43. Les créanciers du saisissant peuvent également s'approprier le bénéfice d'une saisie-arrêt déjà formée, sauf à former saisie-arrêt eux-mêmes entre les mains de qui de droit (V. Pr. 778).

43 *bis*. Ils peuvent former la saisie à sa place, et malgré la cession non signifiée ou acceptée, du moins suivant mon opinion (V. C. 1690).

2° *Devoirs particuliers du tiers saisi* (V. numéros 16, 17, 21).

44. Le tiers saisi doit déclarer le montant de sa dette et ses causes, la libération totale ou partielle si elle a eu lieu et ses causes, et les oppositions nouvelles; le tout avec pièces justificatives, sous peine d'être déclaré débiteur *des causes de la saisie*, c'est-à-dire, d'une valeur égale au montant de la créance du saisissant, ce qui peut paraître fort rigoureux dans certains cas (Pr. 573, 574, 577).

45. Il ne peut opposer au saisissant les exceptions fondées sur un consentement du saisi postérieur à la saisie-arrêt (V. n°s 16, 55).

46. Il ne peut invoquer la compensation *légale* survenue depuis, car elle ne fait que tenir lieu de paiement (V. C. 1298).

47. Ni, selon moi, opposer la compensation *facultative* à raison d'une créance survenue, dans sa personne, avant la saisie, ou le bénéfice exceptionnel résultant de l'art. 1299 *in fine*.

48. La perte de la chose le libère, sauf une responsabilité plus ou moins rigoureuse, suivant les cas (V. 1927, 1962-1°).

49. Il peut opposer la rescision, sauf l'application de 1312.

50. *Idem*, pour le droit de rétention (V. 1673, 1948).

50 *bis*. Il ne pourra pas toujours, selon moi, employer indistinctement contre le saisissant les mêmes moyens de preuve; *v. g.* des

actes sans date certaine (1328, sauf quelques restrictions), le serment par lui prêté, l'aveu fait par le saisi postérieurement à la saisie-arrêt.

51. La saisie-arrêt est, en général, *res inter alios acta*, à l'égard des coobligés, sauf l'application de 2244, 2250 et 1206.

52. A l'égard de ses héritiers (V. C. 877 et Pr. 174).

DEUXIÈME PARTIE.

EFFETS DE LA SAISIE-ARRÊT ENTRE LE SAISISSANT ET LE SAISI.

(V. ci-dessus n°s 8 à 10.)

53. La saisie-arrêt conserve les droits du saisissant (Code civ. art. 2244), même à l'égard de la caution du saisie (Civ. 2250).

54. Elle conserve même, selon moi, la propriété du saisissant, dans l'hypothèse de l'article 2279-2° (Argument de la généralité des termes de l'article 2244).

TROISIÈME PARTIE.

EFFETS DE LA SAISIE-ARRÊT ENTRE LE SAISI ET LE TIERS SAISI.

(V. ci-dessus n°s 16, 21, 54.)

55. Les droits du saisi sont paralysés (V. n°s 16, 45).

En conséquence il ne peut nover, déférer le serment, remettre la dette, transiger, compromettre, etc., le tout au préjudice du saisissant.

56. Mais tous ces actes seraient valables à son égard.

57. Le tiers saisi pourrait lui faire] des offres et 'consigner (V. Pr. 817).

58. Il peut même le payer à ses risques et périls, our etirer la consignation sous sa responsabilité (V. n°ˢ 17 à 19).

59. La saisie-arrêt conserve les droits du saisi (V. C. 2244, 2250, 1206).

60. Bien plus, elle les conserve, pour l'excédant de la créance du saisi sur celle du saisissant (Arg. de C. 2244, qui ne distingue pas).

61. La saisie-arrêt équivaut à une mise en demeure qui serait faite du chef du saisi (V. C. 1146, 1139); mais ne ferait pas courir les intérêts moratoires (Arg. de C. 1153-3°).

APPENDICE (V. n° 6).

62. Si l'on admet, d'après l'ancienne pratique du Châtelet de Paris, attestée par Pigeau, l'un des rédacteurs du Code de procédure, et d'après plusieurs argumens (V. entre autres, Pr. 819 et 820), que l'on peut former saisie-arrêt entre ses propres mains; les effets de la saisie se trouvent concentrés entre le saisissant et le saisi. La procédure en doit dès-lors être considérablement simplifiée (v. g. pour la contre-dénonciation); les obligations du tiers saisi deviennent nulles, jusqu'à la formation de nouvelles oppositions.

63. *Idem*, si le saisissant devient héritier du tiers saisi, ou réciproquement.

64. Si le saisi devient héritier du tiers saisi, ou *vice versâ*, la plupart des effets disparaissent, sauf les droits des saisissants ultérieurs, mais antérieurs à la confusion.

65. Si le saisissant et le saisi se succèdent l'un à l'autre, v. n° 34.

Épilogue. Les lacunes abondent dans ce qui précède; les développemens manquent dans un grand nombre des hypothèses prévues. J'espère qu'on me tiendra compte de la brièveté du temps, ainsi que de la nécessité de transcrire, comparées à l'étendue du plan que la nature de la question m'a, il me semble, forcé d'adopter.